BEI GRIN MACHT SICH WISSEN BEZAHLT

- Wir veröffentlichen Ihre Hausarbeit, Bachelor- und Masterarbeit

- Ihr eigenes eBook und Buch - weltweit in allen wichtigen Shops

- Verdienen Sie an jedem Verkauf

Jetzt bei www.GRIN.com hochladen und kostenlos publizieren

Bibliografische Information der Deutschen Nationalbibliothek:

Die Deutsche Bibliothek verzeichnet diese Publikation in der Deutschen Nationalbibliografie; detaillierte bibliografische Daten sind im Internet über http://dnb.d-nb.de/ abrufbar.

Dieses Werk sowie alle darin enthaltenen einzelnen Beiträge und Abbildungen sind urheberrechtlich geschützt. Jede Verwertung, die nicht ausdrücklich vom Urheberrechtsschutz zugelassen ist, bedarf der vorherigen Zustimmung des Verlages. Das gilt insbesondere für Vervielfältigungen, Bearbeitungen, Übersetzungen, Mikroverfilmungen, Auswertungen durch Datenbanken und für die Einspeicherung und Verarbeitung in elektronische Systeme. Alle Rechte, auch die des auszugsweisen Nachdrucks, der fotomechanischen Wiedergabe (einschließlich Mikrokopie) sowie der Auswertung durch Datenbanken oder ähnliche Einrichtungen, vorbehalten.

Impressum:

Copyright © 2010 GRIN Verlag, Open Publishing GmbH
Druck und Bindung: Books on Demand GmbH, Norderstedt Germany
ISBN: 9783640584376

Dieses Buch bei GRIN:

http://www.grin.com/de/e-book/148350/ueberlebensfaehigkeit-von-innungen-und-keishandwerkerschaften

Wolfram Dürr

Überlebensfähigkeit von Innungen und Keishandwerkerschaften?

GRIN Verlag

GRIN - Your knowledge has value

Der GRIN Verlag publiziert seit 1998 wissenschaftliche Arbeiten von Studenten, Hochschullehrern und anderen Akademikern als eBook und gedrucktes Buch. Die Verlagswebsite www.grin.com ist die ideale Plattform zur Veröffentlichung von Hausarbeiten, Abschlussarbeiten, wissenschaftlichen Aufsätzen, Dissertationen und Fachbüchern.

Besuchen Sie uns im Internet:

http://www.grin.com/

http://www.facebook.com/grincom

http://www.twitter.com/grin_com

Wolfram Dürr, Berlin

Stand 14.3.2010

Überlebensfähigkeit von Innungen und Kreishandwerkerschaften ?*

Anlass für kritische Auseinandersetzungen mit dem Handwerk bieten nicht die funktionsfähigen Betriebe, funktionsfähigen Strukturen und Institutionen, sondern die Teile, die nicht die Kraft, den Willen oder die Fähigkeit haben, ihren Aufgaben zur Zeit und künftig gerecht zu werden. Ausgelöst werden kritische Anmerkungen dann, wenn das Ausmaß der Probleme den Fortbestand und die Glaubwürdigkeit der gesamten Organisation berührt [1] und Lösungen noch denkbar erscheinen. Der Zentralverband des deutschen Handwerks selbst hatte schon 1967 und ein weiteres Mal seit September 2005 zu einer Überprüfung der Organisationsstruktur mit dem Ziel einer Modernisierung aufgerufen [2].

1 Aufgaben der Gliederungen der Handwerksorganisation

Die Vielfalt der Handwerksorganisation findet ihren Ausdruck in den beiden Organisationsketten [3]
- Innung – Kreishandwerkerschaft – Handwerkskammer- DHKT – ZdH
- Innung – Landesinnungsverband – Bundesfachverband – ZdH.

Eine umfassende Organisation mit Anspruch einer vollständigen Durchdringung in der vollen Breite aller Gewerke und der Tiefe eines föderal organisierten und die Teilhabe Aller anstrebenden Staates könnte besser nicht organisiert werden. Lebensfähig sind diese Ketten und ihre Glieder allerdings nur, wenn das gesamte Handwerk ihre Möglichkeiten umfassend nutzt.

1.1 Interessenwahrnehmung und öffentliche Aufgaben

Während die Handwerkskammern den Status der öffentlich-rechtlichen Körperschaft wegen Ihrer Eigenschaft als Vertreter der öffentlichen Gewalt neben ihrer weiteren Funktion der Interessenvertretung erhielten [4], wurde der Kern der Aufgaben von Innungen, Innungsverbänden und Kreishandwerkerschaf-

---

* Zum Recht der Innungen und Kreishandwerkerschaften vgl. Dürr, GewArch 2009, 54 ff. und 107 ff. mit geringfügig gleichen Textpassagen, die hier des Zusammenhangs wegen aufgenommen wurden sowie Dürr, GewArch 2010, 102
[1] Über die Feststellung Kormanns, GewArch 1996, 41, 43, die Innungen hätten „bis ins 20. Jahrhundert ihre Eigenständigkeit, ihre vorstaatliche Existenz und Funktion nicht verloren, sondern haben sich ihre Rolle und Bedeutung als primäre Interessenvertretungsorgane des handwerklichen Einzelberufe über alle Veränderungen hinweg erhalten können", ist die Entwicklung wohl inzwischen hinweg gegangen.
[2] Kreppner, GewArch 1971, 121,124
[3] Stempel, BB 1953, 750, 751
[4] Vgl. Schwannecke, Das Recht des Handwerks, Stand Dezember 2008, Kz. 105, S. 25 unter Hinweis auf den Stenographischen Bericht der 258. Sitzung des Bundestages, S. 12566 B und 12 570 B/C

ten von vornherein in der Interessenvertretung gesehen [5], die nur ihren Mitgliedern verpflichtet ist [6]. Soweit sie neben der Interessenvertretung sowie der Aufgabe der wirtschaftlichen Förderung Ihrer Gewerke mit hoheitlichen Aufgaben der Selbstverwaltung, z.B. im Berufsbildungs- und Prüfungswesen, betraut sind, sind diese Rechte von den Kammern abgeleitet. Soweit Kreishandwerkerschaften neben den Interessen ihrer Mitgliedsinnungen auch die Gesamtinteressen des selbständigen Handwerks und des handwerksähnlichen Gewerbes wahrzunehmen haben [7], unterliegen sie einer Neutralitätspflicht.

1.2 Freiwillige und Pflichtmitgliedschaft

Existenzprobleme der Handwerksorganisation bestehen nur in den Bereichen mit freiwilliger Mitgliedschaft, also vor allem den Innungen und den aus ihnen gebildeten Kreishandwerkerschaften und ggf. auch den Landesinnungsverbänden. Ursprünglich bestand für die Innungen von 1897 bis 1945, wie bei den Handwerkskammern, eine Pflichtmitgliedschaft [8]. Auch dem Gesetzgeber von 1953 erschien eine Pflichtmitgliedschaft als wesentliche Voraussetzung einer sachgerechten Selbstverwaltung, sie wurde aber dann doch durch eine freiwillige Mitgliedschaft ersetzt [9]. Fröhler stellte dazu schon 1959 fest, die Erfahrungen von staatlicher und handwerksorganisatorischer Seite mit dem System der freien Innungszugehörigkeit hätten deutlich gemacht, dass dies den berufsständischen Bedürfnissen nicht in vollem Umfang gerecht werde [10]. Die Pflichtmitgliedschaft der Innungen in der Kreishandwerkerschaft ändert an diesem Ergebnis nichts.

Selbstverwaltung ist Betroffenenschutz durch Betroffenenteilnahme [11]. Es lässt sich heute feststellen, dass 56 Jahre freiwilliger Mitgliedschaft den Niedergang des Innungswesens und die Schwäche zahlreicher Kreishandwerkerschaften zur Folge hatten. Detterbeck leitet daraus heute die Forderung nach

---

[5] Vgl. Schwannecke, a.a.O, S. 28 unter Hinweis auf S, 12 566 C des Berichts, KPKU Nr. 4, S. 3
[6] § 55 bzw. § 81 f. HwO; dem widerspricht Fröhlers Auffassung, dass ein Staat, der die Interessenvertretung bestimmter Bereiche Kammern mit der rechtlichen Stellung von Körperschaften öffentlichen Rechts anvertraut, dies tue, weil er an der Erhaltung und Stärkung dieser Berufsstände ein übergeordnetes Interesse der Gesamtheit bejaht, GewArch 1962, 169, 170.
[7] § 87 Nr. 1 HwO
[8] Schwannecke, Die Deutsche Handwerksordnung, Stand Dezember 2008, Kz. 105, S. 3 ff.
[9] Schwannecke, a.a.O., S. 14 f.; BVerfG, Beschl. vom 19.10.1966 – 1 BvL 24/65, GewArch 1967, 83, 84 = BVerGE 20, 312, 316; Fröhler, Das Recht der Handwerksinnungen, 1959, S. 11 f. unter Hinweis auf Kolbenschlag-Lessmann-Stücklen, Die neue Handwerksordnung, 1967 ff., S. 30 ff.. Die Pflichtmitgliedschaft sei als unvereinbar mit der Vereinigungsfreiheit nach Art. 9 Abs. 1 GG, als Verstoß gegen die besatzungsrechtlichen Dekartellierungsvorschriften und gegen die herrschende Lehre der Unvereinbarkeit von Tariffähigkeit nach Art. 9 Abs. 3 GG und Pflichtmitgliedschaft angesehen worden. Fröhler sucht in den Nachweis zu erbringen, dass eine Pflichtmitgliedschaft für eine Innung mit dem Status einer Körperschaft öffentlichen Rechts konsequent sei. Soweit er sich dabei allerdings auf die über die Kammer legitimierten Hoheitsaufgaben des Bildungsbereichs bezieht, a.a.O. S. 14 ff., ist der Status der Innungen nicht besser als der eines beliebigen Unternehmers, der für seine Aufgabenwahrnehmung keinen zusätzlich öffentlich-rechtlichen Status braucht.
[10] Fröhler, Das Recht der Handwerksinnungen, 1959, S. 12; s.a. Fröhler, GewArch 1962, 169, 172
[11] Hendler, DÖV 1986, 675, 678

Wiedereinführung der Pflichtmitgliedschaft ab [12]. Die Frage ist allerdings, ob eine Pflichtmitgliedschaft andere Ergebnisse gehabt hätte, soweit eine Organisation von dem Engagement ihrer Mitglieder leben muss, das auch durch eine gute Finanzausstattung aufgrund von Pflichtbeiträgen allein nicht zu ersetzen ist. Das Handwerk selbst hat auf dem Wege des Niedergangs seiner Innungen – ebenso freiwillig – auf wirksame Förderungsinstrumentarien verzichtet, die ohne die gesetzlichen Vorgaben der HwO zwar unter dem Schutz von Art. 9 Abs. 2 GG, aber nur nach den wesentlich mühsameren Regeln des Kartellrechts hätten gebildet werden können. Parallel dazu hat der Gesetzgeber darauf verzichtet, die Innungen und Kreishandwerkerschaften als volkswirtschaftlich wirksame Mittelstandsförderung zu nutzen. Er kennt nur die Alternative der freiwilligen lebensfähigen Organisationseinheit oder deren ersatzlose Nichtentstehung bzw. Auflösung. Das entspricht dem Grundsatz der eigenverantwortlichen Wettbewerbswirtschaft. Darüber hinaus bleiben dem Staat die Handwerkskammern mit Pflichtmitgliedschaft und zumindest ähnlichen Aufgaben, die letztlich als Auffangstellen für alle von den Innungen und Kreishandwerkerschaften nicht geleisteten Aufgaben einspringen müssen. So gesehen sind Innungen und Kreishandwerkerschaften ein Angebot, regionale Interessen des Handwerks gezielter und wirksamer geltend zu machen, als es möglicherweise einer Handwerkskammer gelingt. Wird dieses Angebot nicht genutzt, ist das zwar bedauerlich, aber handwerksrechtlich und handwerkspolitisch gesehen keine Katastrophe.

Über Innungen und Kreishandwerkerschaften führt jeweils die Handwerkskammer die Aufsicht [13]. Welche Mittel der Handwerkskammer bei dieser Aufgabe zustehen und wie sie anzuwenden sind, regelt die Handwerksordnung nicht ausdrücklich [14].

1.3 Grundsatz der Leistungsfähigkeit, § 52 Abs. 2 HwO

Innungsbezirke sollen nach § 52 Abs. 2 HwO unter Berücksichtigung einheitlicher Wirtschaftsgebiete so abgegrenzt sein, dass die Zahl der Innungsmitglieder ausreicht, um die Innung leistungsfähig zu gestalten und damit die Mitglieder am Leben und den Einrichtungen der Innung teilnehmen können [15]. Der Bezirk hat sich mindestens mit dem Gebiet einer kreisfreien Stadt oder eines Landkreises zu decken [16]. Dieser Grundsatz dient auch dem Postulat der Einräumigkeit staatlicher Verwaltung, zu der die Innun-

---

[12] Detterbeck/Will, Die Handwerksinnungen in der staatlichen dualen Ordnung des Handwerks, 2003
[13] § 75 und § 89 Abs. 1 Nr. 5 i.V.m. § 75 HwO
[14] VGH Baden-Württemberg, Urteil vom 25.07.1979 – VI 8/78, GewArch 1979, 380
[15] Vgl. auch den Hinweis des BVerwG, Urteil vom 17.03.1992 – 1 C 31.89, GewArch1992, 302, 303 = NVwZ 1993, 675, 676 = DÖV 1992, 875 = BVerwGE 90,88, auf die Berichte des Reichstages von 1881, S. 261 f.; Den Vorrang der Leistungsfähigkeit vor dem Grundsatz der Deckungsgleichheit der Bezirke betont Christine Fröhler, GewArch 1983, 256, 257
[16] Das Prinzip der Deckungsgleichheit ist nach Roellecke, GewArch 1987, 105, 114, ein reines Zweckmäßigkeitsprinzip. Im Verhältnis zum Prinzip der Leistungsfähigkeit kann es keinen Vorrang haben.

gen und Kreishandwerkerschaften als Körperschaften öffentlichen Rechts gehören [17] und dient damit auch der politischen Integration und der Verwaltungsökonomie [18]. Für Innungen fordert Zimmermann darüber hinaus auch homogene Wirtschaftsgebiete mit strukturellen, regionalen und geographischen Gemeinsamkeiten [19] und das OVG Nordrhein-Westfalen, die Leistungsfähigkeit einer Innung müsse mit der Leistungsfähigkeit der benachbarten Innungsbezirke korrespondieren [20].

2 Aktueller Zustand – Leistungsstärken und Leistungsschwächen

Wenn Gesetz und Rechtsprechung die Notwendigkeit der Leistungsfähigkeit von Innungen und Kreishandwerkerschaften betonen, so ist weniger das überwiegend administrative Leistungsvermögen gemeint, dessen „maßgeblicher Nutzen ... sich bei ihren Mitgliedern regelmäßig lediglich mittelbar auswirk(t) und (den) Vorteil der Mitgliedschaft weitgehend nur vermuten (lässt)" [21], sondern die aktive und spürbare Tätigkeit zur Leistungssteigerung der Mitgliedsbetriebe.

Von diesem Idealzustand ist das Handwerk, zumindest in Teilbereichen, zu weit entfernt.

- Die <u>Innungen</u> leiden ganz überwiegend an einem bedrohlichen Mitgliederschwund und sind praktisch nicht mehr tarif- und innovationsfähig [22]. In weiten Bereichen ist eine deutliche Überalterung der Mitglieder festzustellen, die allein schon den Reiz zum Beitritt für junge Handwerker mindert. Junge Handwerker müssen in aller Regel ums Überleben kämpfen und meinen, keine Zeit und kein Geld für eine gemeinsame Interessenwahrnehmung zu haben [23]. Bestehenden Innungen fehlt es im erheblichen Umfang an der notwendigen Energie und Entschlossenheit, junge Mitglieder zu werben sowie Kollegen aus dem zulassungsfreien und handwerksähnlichen Bereich in das Qualifikationsnetzwerk einzubinden und für die Mitglieder überproportional Leistungsvorteile auszuhandeln oder Netzwerke zu organisieren und zu moderieren. Die Neigung, durch Zusammenschluss leistungsfähigere Innungen zu bilden, ist nicht ausreichend vorhanden. Der trotz des Prinzips freiwilliger Mitgliedschaft bestehende Grundsatz des § 52 Abs. 1

---

[17] BVerwG, Urteil vom 17.03.1992, a.a.O., S. 303; BVerwG, Urteil vom 10.08.2000 – 1 B 35.00, GewArch 2000, 493 = NVwZ-RR 2000, 778; vgl. auch zur IHK OVG Sachsen-Anhalt, Beschluss v. 12.12.1995 – 3 M 24/95, GewArch 1996, 70, 73
[18] Wagener, GewArch 1979, 73, 75; Zimmermann, GewArch 2006, 274, 277 m.w.N.; Mann, in Kluth (Hrg.), Jahrbuch des Kammer- und Berufsrechts 2006, 13, 26; Roellecke, GewArch 1987, 105, 107
[19] Zimmermann, a.a.O., S. 275
[20] OVG Nordrhein-Westfalen, Urteil vom 21.12.1988 – 15 A 2769/85, GewArch 1989,197,199; zur Rangfolge der Maßstäbe Roellecke, GewArch 1987, 105, 106 ff.
[21] BVerwG, Urteil vom 03.09.1991, GewArch 1992, 28, 29, zur Beitragsbemessung bei Handwerkskammern oder Kreishandwerkerschaften
[22] Vgl. Detterbeck, GewArch 2005, 271
[23] Fröhler stellte allerdings schon 1962 fest, Zeiten wirtschaftlicher Prosperität waren stets Zeiten der „Organisationsmüdigkeit", GewArch 1962, 169

Satz 2 HwO, dass in einer Region für ein Gewerk nur eine Innung bestehen kann, behindert die Entstehung kreativer Alternativen. Innungen leben in vielen Fällen hauptsächlich von den Prüfungsgebühren für Zwischen- und Gesellenprüfungen bei ehrenamtlicher Tätigkeit der Prüfungsausschussmitglieder. Ihre eigentlichen Funktionen nehmen sie kaum noch wahr [24].

- Die Kreishandwerkerschaften leiden zunächst unter denselben Schwächen wie ihre Basis, die Innungen. Die Stärke der Organisation der einzelnen Kreishandwerkerschaften ist sehr unterschiedlich. Zum Teil erreichen sie die Kraft mittelgroßer Handwerkskammern, der besorgniserregende und hier allein interessierende Teil ist nicht in der Lage, mehr als eine oder ein paar wenige hauptamtliche Bürokräfte zu beschäftigen, die im wesentlichen die Geschäftsführung für die Innungen erledigen. Sie hängen mehr oder weniger am „Tropf" der Handwerkskammer und wären ohne die entgeltliche Aufgabenerledigung für die Kammern im Wesentlichen nicht lebensfähig [25]. Leistungssteigernde Projekte sind auf dieser Basis kaum möglich. Die Kreishandwerkerschaften sind auf diese Weise nur noch ein sich selbst verwaltendes Spezialbüro, das Aufgaben im Sinne des § 87 Nr. 3 HwO nicht mehr erfüllen kann. Die Beitragspflicht von Innungsmitgliedern auch für derartige Kreishandwerkerschaften führt nicht selten zum Austritt aus der Innung und zu dem Wunsch, Einzelmitglied in starken Landesinnungsverbänden zu werden.

- Die Landesinnungsverbände haben den Vorteil, in einem größeren Einzugsbereich tätig werden zu können. Innungen haben zwar über § 52 HwO ähnliche Möglichkeiten, die mentalen und organisatorischen Hürden sind für sie aber höher als bei Verbänden. So haben die Landesinnungsverbände deutliche Stärken, soweit sie tatsächlich große Einheiten bilden, über eine ausreichende Zahl aktiver Mitglieder verfügen und vor allem ein leistungsfähiges Hauptamt haben. Das zeigt sich in den jüngsten Ansprüchen, für Beratungen ein Monopol zu erhalten ebenso wie im Aufbau eigenständiger Ausbildungsstätten oder der Kreation neuer Tätigkeitsfelder für ihre Mitglieder. Diese Verbände sehen sich daher in einer direkten Konkurrenz zu den Kreishandwerkerschaften und teilweise auch den Handwerkskammern. Sie stellen ihre eigene Leistungsfähigkeit den Schwächen der Kreishandwerkerschaften gegenüber.

- Die Handwerkskammern umfassen über die Pflichtmitgliedschaft das ganze Handwerk und bieten das gesamte Leistungsspektrum. Auch von ihnen wird zunehmend mehr Betriebsnähe ge-

---

[24] Das VG Düsseldorf, Urteil vom 27.08.1973 – 11 K 1756/71, GewArch 1974, 344, vertrat den Standpunkt, die eigentliche Informationsarbeit bezüglich der einzelnen Handwerksberufe komme nicht so sehr den Handwerkskammern, sondern den Innungen zu.
[25] Bezogen auf eine IHK, aber ohne weiteres übertragbar auf eine Kreishandwerkerschaft, äußerte das OVG Sachsen-Anhalt, a.a.O. S. 71: „können das Gesamtinteresse der ihnen zugehörigen Gewerbetreibenden unter Abwägung und Ausgleich der wirtschaftlichen Interessen einzelner Gewerbezweige oder Betriebe nur auf der Grundlage längerfristiger Strukturkonzepte wahrnehmen".

fordert, aber auch hinter einer Außenstelle einer Kammer steht immer deren gesamte Organisation, die flexibler ist als es z.B. Kreishandwerkerschaften sein können. Kammern leisten schon bisher eine gewisse Arbeitsteilung mit den Teilen der Handwerksorganisation, die eine ausreichende Leistungsfähigkeit aufweisen. Auch sie haben allerdings Probleme, wenn ihre Partner zunehmend schwächer werden und notwendige Konsequenzen persönlich nehmen.

Zum überwiegenden Teil wurde das Handwerk schon bisher von kleinen und kleinsten Betrieben geprägt. Die derzeitige vor allem handwerksrechtliche Entwicklung unterstützt diesen Trend. Das müsste Anlass genug sein, die tradierten Institutionen der Handwerksorganisation zu nutzen, um die gemeinsamen Interessen zunehmend auch in Form von Netzwerken, Arbeitsgemeinschaften, Bietergemeinschaften und Kooperationen wahrzunehmen, die zu entwickeln - z.B. aus den Innungen und Kreishandwerkerschaften heraus - sich anböte.

Ganz offensichtlich werden diese Möglichkeiten nicht marktwirksam und wahrnehmungsrelevant genutzt. Der Organisationsgrad in all diesen Vereinigungen nimmt drastisch auf einen immer weniger tarifvertragsfähigen Umfang ab, die Gremien sind zu groß, das Durchschnittsalter ihrer Mitglieder zu hoch, die Pflichten zu umfangreich oder die Versammlungen zu selten. Für zukunftsorientierte Entwicklungen bleibt da kein Raum und keine Kraft. Jede kreative Unruhe scheint durch Gesetz und Regeln gedämpft bis unmöglich.

Das mag an der Fehleinschätzung der wirtschaftlichen Möglichkeiten durch die potentiellen Mitglieder liegen, vielleicht auch an der fehlenden Kraft oder Einsicht der jeweiligen Leitungsebene. Festzustellen bleibt, dass diese Organisationen spürbar vereinsamen und vergreisen. Die notwendigen kreativen Aktivitäten sind von solchen Gruppen ohne elementare Änderungen nicht mehr zu erwarten. Eine aktive Werbung um die jungen Betriebe, ein gezielter Ausbau der Vorteile z.B. einer Innungsmitgliedschaft sind nicht erkennbar.

Zu diesen allgemeinen Aspekte der Leistungsfähigkeit gehören noch folgende speziellere Gedanken.

2.1 Personell

Diskutiert wird vielfach, ob eine Mindestmitgliederzahl bei Innungen erforderlich ist [26]. Gemeint sein dürfte damit allerdings nur eine Faustregel, die das eigentliche Kriterium der Leistungsfähigkeit nur am

---

[26] Honig/Knörr, Handwerksordnung, 4. Aufl. 2008, § 52, Rdnr. 28, nennt 50 bis 100

Rande berührt [27]. Ein wichtigeres Kriterium ist hier der Organisationsgrad einer Innung und damit auch einer Kreishandwerkerschaft.

Der Organisationsgrad der Innungen lag in den Alten Bundesländern einst bei 80 bis 90 % [28] und fiel auf heute 40 bis 60 % [29], in den Neuen Bundesländern wurden aus 60 bis 70 % inzwischen 20 bis 30 % [30], wobei diese Marken schon eher den oberen Rand markieren. Dabei besteht bei schwachen Innungen die Neigung, sich aufzulösen und die letzten Mitglieder als Einzelmitglieder einer Landesinnung oder einem Landesinnungsverband einzugliedern, um den Pflichtbeitrag für die Kreishandwerkerschaft zu sparen.

Festzustellen ist ferner, dass der Organisationsgrad unverändert weiter sinkt [31]. Junge Unternehmen fühlen sich von solchen Zwerginnungen nicht mehr vertreten. Ein wesentlicher personeller Grund ist, dass mit dem Erschlaffen einer Organisation in aller Regel auch eine kollektive Überalterung verbunden ist. Die verbleibenden Mitglieder fühlen sich den Traditionen und dem Zusammenhalt mehr verpflichtet als junge Unternehmer, die ihrerseits für unverbindliche und nicht erkennbar ertragreiche Zusammenkünfte weder Zeit noch sonstigen Aufwand investieren wollen. Damit sind die verbleibenden Ehrenamtsträger in der misslichen Lage, mit einem Minimum an Kooperation ein Maximum an Leistung erbringen zu sollen. Auch bei hervorragender Eignung für diese Funktionen sind sie dann rasch und spürbar überfordert, denn auch sie müssen die Existenz ihres eigenen Betriebes sichern. Die Leitungspersonen solcher Institutionen sind dann zunehmend nicht mehr in der Lage, den Erwartungen der jungen Betriebe hinsichtlich wirksamer - um nicht zu sagen spektakulärer - Maßnahmen zu entsprechen und sie verlieren zunehmend den Kontakt zu den aktuellen Entwicklungen.

Für die personelle Leistungsfähigkeit einer Innung ist auch das Vorhandensein und die Aktivität eines Gesellenausschusses nach § 68 HwO ein wichtiges Symptom.

---

[27] So geht Zimmermann, a.a.O., S. 275, auch davon aus, dass Innungen mit 5 oder 15 Mitgliedern ebenso die erforderliche Leistungsfähigkeit erreichen können wie wesentlich größere Innungen.
[28] Fröhler, Das Recht der Handwerksinnung, 1959, S. 21, unter Hinweis auf die damals jüngste Handwerkszählung: mehr als 2/3 aller selbständigen Handwerker seien Innungsmitglieder, in mehreren Gewerken seien es über 90 %. Das BVerfG, Beschl. v. 19.10.1966 – 1 BvL 24/65, GewArch 1967, 83, 85, geht 1966 noch von „der Mehrheit der Handwerker" aus. Das BVerwG erklärt in seinem Urteil v. 14.04.1961 – VII C 124.59, GewArch 1962, 90, 92, dass die Ermöglichung einer wünschenswerten Teilnahme der Innungsmitglieder am Leben und den Einrichtungen der Innung gewisse „Grenzen nach oben" ergebe. Förster, GewArch 1963, 153, zitiert Reuß mit den Worten, kein Handwerker könne es sich wirtschaftlich leisten, der Innung fernzubleiben.
[29] So betrug bei der Kreishandwerkerschaft Süd-Ost-Niedersachsen 2005 der Organisationsgrade der Innungen im Durchschnitt zwar 51,79 %, der Organisationsgrad aller Betriebe der Kreishandwerkerschaft allerdings nur 31,10 %, Jahresbericht 2005, S. 7 und 14, im Jahre 2006 liegt der Gesamtorganisationsgrad bei noch 29,20 %, Jahresbericht, S. 6 und 9.
[30] Vgl. DHB magazin 11/06 – Kammerbezirk Potsdam, S. 26
[31] Eine Parallele findet sich in der kritischen Haltung der IHK-Mitglieder, von denen nach einer impulse-Umfrage etwa die Hälfte bei freiwilliger Mitgliedschaft austreten würde, vgl. Jahn, GewArch 2002, 98, 99.

2.2 Organisatorisch

Das VG Aachen stellt fest, die Auflösung einer Innung sei gerechtfertigt, wenn diese von ihrer Personenzahl her außerstande sei, ihre Organe und Gremien ordnungsgemäß zu besetzen [32]. Diese Feststellung müsste erweitert werden durch eine Prüfung, welche der Aufgaben von der Innung tatsächlich noch erbracht werden. Typisches Merkmal zu kleiner Innungen ist, dass schon die Interessenvertretung und die Disziplinierungsfunktion, die vor allem auf die Ordnung der internen Beziehungen zielt [33], aber auch auf die Vermittlung in Streitigkeiten zwischen den Betrieben und ihren Kunden, nicht mehr glaubwürdig wahrgenommen werden kann, dass sie in der Berufsbildung und im Prüfungswesen kaum noch handlungsfähig sind, dass Lehrgänge nicht mehr durchgeführt werden, an die Förderung von Genossenschaften für Werbung, Ein- und Verkauf oder die Schaffung und Förderung von Einrichtungen zur Verbesserung der Arbeitsweise und der Betriebsführung nicht mehr zu denken ist, Vergabestellen auf die Beratung der Innung verzichten, Vermittlungsstellen nicht mehr gebildet werden oder nicht mehr gefragt sind. Sind diese Funktionen auch zu wesentlichen Teilen nicht mehr möglich, läuft die Pflege des Gemeingeistes und der Berufsehre leer.

Das noch von Roellecke skizzierte Problem, ein zu großer Innungsbezirk verhindere, dass die Mitglieder sinnvoll am Innungsleben teilnehmen könnten [34], ist auch durch zunehmende Mobilität nicht kleiner geworden, dürfte aber für die aktuelle Diskussion leider keine Rolle mehr spielen. Darüber hinaus dürfte eine Innung mit großem Einzugsbereich auch dann als lebensfähig im Sinne des Gesetzes gelten können, wenn sie aktiv für attraktive Dienstleistungen sorgt und ein „Innungsleben" im Sinne eines engen und vertrauensvollen Erfahrungsaustausches nicht in demselben Maße stattfindet oder stattfinden kann wie in einem kleinräumigen Innungsbezirk.

2.2.1 Betriebsunterstützende Leistungen, z.B. durch Serviceeinrichtungen, Sammelverträge

Die partielle Überforderung insbesondere der meist kleinen Handwerksbetriebe mit hochqualifiziorter Handwerkstätigkeit einerseits und umfassendem modernem zertifikatsträchtigem Management andererseits legt nahe, die Aufgabe der Innungen, zur Erhöhung der Wirtschaftlichkeit der Betriebe ihrer Mitglieder Einrichtungen zur Verbesserung der Arbeitsweise und Betriebsführung zu schaffen und fördern (§ 54 Abs. 2 Nr. 1 HwO), und der Kreishandwerkerschaften, Einrichtungen zur Förderung der gewerblichen und wirtschaftlichen Interessen der Mitglieder zu schaffen oder zu unterstützen (§ 87 Nr. 3 HwO)

---

[32] VG Aachen, Urteil vom 29.06.1988 – 3 K 1713/87, GewArch 1988, 208
[33] Kormann, GewArch 1996, 41, 43
[34] Roellecke, GewArch 1987, 105, 107

ernster zu nehmen und konkreter einzufordern, als dies bisher geschehen ist. Zulässig ist dabei grundsätzlich jede Förderung von handwerklichen Interessen, für die sich im Willensbildungsprozess der Organisation eine Mehrheit findet [35]. Dabei sind die Innungen eher modernen Dienstleistungsunternehmen vergleichbar als den ständisch geprägten Handwerksorganisationen früherer Zeiten [36]. In Betracht kommen hier [37] z.B. die Besorgung der Rechtsangelegenheiten, Buchstellen, die Hilfeleistung in Steuersachen, Inkassotätigkeiten, die Verfolgung unlauteren Wettbewerbs, die Nachforschung in Schwarzarbeitssachen, die Einrichtung von Vermittlungsstellen, die auch zu Schiedsstellen oder für Internet-Akquisitionen ausgebaut werden könnten, der Abschluss von Tarifverträgen, die Beratung für öffentliches Auftragswesen oder für Abwasserentgiftung und die Bildung von Streikfonds durch Innungen, Messe- und Ausstellungsgesellschaften, Gesellschaften für Informatik und Telekommunikation, die öffentliche Nachwuchswerbung, Organisation von Berufsinformationsbörsen, Verbraucheraufklärung, eine Lehrlingskostenausgleichskasse, eine Innungskrankenkasse u.a.. Mittelbar in Betracht kommt die Beteiligung z.b. an einer Steuerberatungsgesellschaft. Dabei ist hier allein an Servicetätigkeiten und nicht an eigenwirtschaftliche Aktivitäten gedacht [38].

Attraktivität könnten dabei grundsätzlich auch Rahmenverträge für z.b. günstigen Energiebezug, für Versicherungen und Fahrzeugerwerb bieten. Allerdings werden solche Kollektivvereinbarungen bereits von den Anbietern dieser Leistungen eigeninitiativ angeboten und sind nicht notwendig ein Privileg für Innungen oder Kreishandwerkerschaften, so dass dieselben Vergünstigungen auch über die Einzelmitgliedschaft in Innungsverbänden oder über die Kammern zu erhalten sind. Darüber hinaus sind Sonderkonditionen wesentlich von der Zahl der Teilnehmer abhängig, so dass über eine Kammer im Zweifel günstigere Konditionen erzielbar sind als bei den Teilen der Handwerksorganisationen, die nur ein Teilgebiet und aufgrund des geringen Organisationsgrades oft auch nur einen Teil ihres Gewerks oder der Gewerke ihres Bezirks bieten können. Innungen müssten sich daher, sollen sie attraktiv bleiben, um gewerksspezifische Maßnahmen kümmern und Kreishandwerkerschaften um regional wirksame Dienstleistungen mit geringerem Zeit- und Kostenaufwand als bei einer gleichartigen Betreuung durch die Kammern.

Aktivitäten dieser Art sind in einer Vielzahl von Innungen nicht mehr festzustellen und werden auch von Kreishandwerkerschaften, die solche Aktivitäten für ihre Innungen bündeln und damit kostengünstiger und möglicherweise effektiver durchführen könnten, nicht mehr wahrgenommen.

---

[35] BVerwG, Urt. v. 10.06.1986 – 1 C 4.86, GewArch 1986, 298, und BayVGH, Urt. v. 04.02.1987 – 22 B 84 A.2181, GewArch 1987, 202; Ostler, BayVBl 1987, 534.
[36] BayOVG, Urt. v. 11.08.1988 – 22 B 87.02346, GewArch 1989, 28, 29
[37] Rechtsprechung zu den einzelnen Tätigkeitsbereichen vgl. Dürr, GewArch 2010, Heft 3, Fn. 4
[38] Der Kreishandwerkerschaft Wolfsburg wurde vorgeworfen, mit ihrer Tochterfirma „Zeitarbeit Handwerk" Schwarzarbeit zu leisten, Kruse, Wolfsburger Nachrichten vom 20.09.2006, www.newsclick.de/index.jsp/artid/5897353/menuid/2165.

2.2.2 Keine Vermittlung oder organisatorische Unterstützung von Netzwerken

Innungen und Kreishandwerkerschaften sind von der Grundidee her selbst Netzwerke, die über den Interessenaustausch der Interessenbündelung dienen. Sie unterscheiden sich hier nicht von anderen Wirtschaftsverbänden, deren Entstehung und Aufbau nicht reglementiert ist. Allein der Umstand aber, dass heute die Wirtschaftsministerien des Bundes und der Länder zahlreiche Programme aufgelegt haben, die finanzielle Geburtshilfe zur Bildung von Netzwerken leisten sollen und der aus der zögernden bis geringen Nutzung dieser Programme vermittelte Eindruck, auch mental drängen und schieben zu müssen, führt zu der Vermutung, dass Wirtschaftsunternehmen trotz allen Überlebenskampfes im einzelnen nicht etwa das Bewusstsein für die Stärke verloren haben, die auf gemeinsamer Interessenwahrnehmung beruhen kann, sondern schlechte Erfahrungen mit solchen Netzwerken gemacht haben. Dieser Effekt lässt sich am besten bei der Betrachtung von Kooperationen beschreiben.

2.2.3 Keine Organisation von Kooperationen oder Bietergemeinschaften

Kooperationen und Bietergemeinschaften bestehen aus selbständigen Handwerksbetrieben, die neben ihrer direkten Betreuung von Aufträgen, die sie allein abarbeiten können, zur Wahrnehmung größerer Aufträge zusammenarbeiten. Sie bieten damit ein Leistungsvolumen an, für das heute weitgehend Generalunternehmer eingesetzt werden. Der Unterschied beider Angebotsformen besteht darin, dass der Generalunternehmer das Leistungspaket aus „einer Hand" anbietet, während Kooperationen und Bietergemeinschaften diese „eine Hand" erst untereinander organisieren müssen. Für diese Leitungsfunktion greifen die Handwerksbetriebe in aller Regel nicht auf externe und damit möglicherweise relativ neutrale – wenn auch kostenträchtige - Kräfte zurück, sondern bilden die Führung der Kooperation oder Bietergemeinschaft aus den eigenen Reihen. Das sichert einerseits eine große fachliche Nähe, enthält aber gleichzeitig das maßgebende Risiko, dass der die Leitung übernehmende Betrieb den Überblick über das gesamte spezialisierte Know how aller Beteiligten und die Dichte zu den Auftraggebern leicht dazu nutzen kann, die anderen Betriebe früher oder später auszubooten und ihnen ihre Alleinstellungsmerkmale zu nehmen. Diese Gefahr besteht weniger bei bundesweit operierenden Kooperationen, die so über den Markt verteilt sind, dass unmittelbare örtliche Konkurrenz weitgehend ausgeschlossen ist. Sie besteht aber in hohem Maße bei nur regionaler Zusammenarbeit. Es ist daher nicht verwunderlich, dass beim Bau des Flughafens Berlin-Brandenburg-International, bei dem auch das Bemühen um relativ kleine Lose eine Größenordnung erreicht, die nur von größeren oder zusammengeschlossenen Betrieben abgearbeitet werden kann, die Aufträge an regionale Unternehmen über den Einsatz von Generalunternehmern laufen, obwohl der übliche prozessuale langfristige Vorlauf solcher Großbauvorhaben ausreichend Zeit böte, ausreichend große Kooperationen und Bietergemeinschaften im Handwerk schon im Vorfeld zu bilden.

Da die erforderlichen Aktivitäten aus den Betrieben heraus in aller Regel ausbleiben, wären hier primär die Innungen und Kreishandwerkerschaften gefragt, ein neutrales Management für solche Kooperationen und Bietergemeinschaften zu organisieren, das die Stärken der angeschlossenen Betriebe nutzt und die Befürchtungen kompensiert. Marktmächtige Bestrebungen in diese Richtung sind nicht erkennbar.

2.2.4 Keine politische Interessenvertretung

Eine handwerkspolitische Interessenvertretung gehört zu den natürlichen Aufgaben der Innungen und Kreishandwerkerschaften. Mag diese Funktion auch gegenüber dem Bund und den Ländern im Wesentlichen von den Handwerkskammern und vor allem dem ZdH wahrgenommen werden, so bleiben doch sowohl die Sensibilisierung dieser Institutionen im Vorfeld handwerkspolitischer Entscheidungen als auch die publikumswirksame Demonstration der Auswirkungen dieser Entscheidungen eine wichtige und unverzichtbare Aufgabe der „Handwerksbasis". Erstaunlich ist es daher, dass zum Beispiel weder während des Gesetzgebungsverfahrens zur HwO-Novelle 2004 ein wahrnehmbarer Aufschrei [39] durchs Handwerk ging, noch vor allem danach heftige Bestrebungen erkennbar waren, beispielsweise den Ausfall der Meisterpflicht in den zulassungsfreien Gewerken durch die demonstrative Wahrnehmung der Möglichkeit freiwilliger Meisterprüfungen oder die aktive Einbeziehung der Berufe der Anlage B 1 und B 2 in die eigenen Qualifizierungsgänge zu beantworten [40] und damit den Anspruch eines qualitativ hochwertigen Selbstverständnisses des Handwerks zu unterstreichen. Hierzu gehört auch die mangelnde Bereitschaft der Fachebene, etwas zur Klärung der Abgrenzung des zulassungspflichtigen vom zulassungsfreien Handwerk beizutragen [41]. In diesem Bereich könnten eine bewusste Interessenwahrnehmung der Innungen und Kreishandwerkerschaften sowohl auf der regionalpolitischen Ebene als auch inhaltsreiche Zuarbeiten für die Handwerkskammern und den ZdH die handwerkspolitischen Entwicklungen nachhaltig beeinflussen.

---

[39] Dürr, Kollektives Marketing im Handwerk – Kammergarantie für meisterliche Qualität, Grin-Verlag 2009.
[40] Entsprechendes fordert allerdings Kentzler, „Leitbild des Handwerk", Vortrag Vor der Konferenz der Kreishandwerkerschaften der Handwerkskammer Ostwestfalen-Lippe, Bielefeld, am 31.03.2008, Vortragsreihe des Instituts der deutschen Wirtschaft Köln, Nr. 9/Mai 2008
[41] Dürr, GewArch 2007, 61, 65

2.2.5 Keine handwerksübergreifenden Innungen (§ 52 Abs. 1)

War früher noch streitig, ob Innungen auch für Teilbereiche eines Handwerks gegründet werden könnten [42], so kann es heute angesichts der Zersplitterung des Handwerks in die Teilbereiche der Anlagen A, B 1 und B 2, nur darum gehen, möglichst alle ähnlichen Bereiche zusammenzufassen und für diese eine Corporate Identity zu schaffen [43]. Der immer einmal wieder geäußerte Gedanke, z.b. alle Bauhandwerke zu drei Kategorien (Baugewerbe, Ausbaugewerbe, Tiefbaugewerbe) zusammenzufassen und damit ein stärkeres Ineinandergreifen zu ermöglichen, entspricht dieser Vorstellung. Sie lässt sich aber auch im Vorfeld solch ambitionierter Vorhaben durch den Zusammenschluss oder die Bildung von Innungen verschiedener Gewerke schrittweise erreichen. Auch solche Bestrebungen könnten wirksame Vorstufen für erfolgreiche Zusammenarbeit des Handwerks sein. Tendenzen in diese Richtung sind allerdings nicht erkennbar.

2.3 Finanziell

Die Innungen haben über § 73 Abs. 1 HwO, die Kreishandwerkerschaften entsprechend aufgrund von § 89 Abs. 1 Nr. 5 i.V.m. § 73 Abs. 1 HwO zur Deckung ihrer Kosten, soweit sie aus den Erträgen des Vermögens oder aus anderen Einnahmen keine Deckung finden, eine eigene Finanz- und Beitragshoheit. Die Handwerkskammern haben das Recht, Anordnungen zu erlassen (§§ 54 Abs. 1 Nr. 10 und 87 Nr. 6 i.V.m. § 54 Abs. 1 Nr. 10 HwO) und die Pflicht, sich an den hierdurch bei den Kreishandwerkerschaften entstehenden Kosten angemessen zu beteiligen (§ 87 Nr. 6, 2. Hlbs. HwO). Jede dieser drei Institutionen hat also einen eigenständigen und von den anderen Institutionen unabhängigen Haushalt. Eine Quersubventionierung ist daher generell ausgeschlossen.

Soweit Kreishandwerkerschaften verschiedentlich die Beiträge ihrer Innungen verweigert werden [44], mag das mit mangelnder Wahrnehmung der dortigen Aufgaben und der Unzufriedenheit mit dem Leistungsangebot begründet werden. Die auf dem Gesetz beruhenden Mitgliedschaften lösen allerdings automatisch Beitragspflichten aus, bei denen Minderungsversuche allenfalls der Erzwingung der vorgesehenen Leistungen dienen können. Misslingt ein solcher Versuch, bleibt angesichts der Monopolstellung einer Kreishandwerkerschaft für den Einzelbetrieb nur der Austritt aus Innung und für die Innung

---

[42] Stolz, GewArch 1982, 153 m.w.N.
[43] Vgl. Stober, GewArch 2001, 393, 396, der sich auf Kammern bezieht und dort eine einheitliche Kammerphilosophie vermisst, die von ökonomischem Selbstbewusstsein der Klein-, Mittel- und Großbetriebe geprägt ist. Er beklagt, dass die Selbstverwaltung der Wirtschaft es bislang nicht geschafft hat, ihr Wirken in einem positiven Licht darzustellen und vor allem die Vorzüge der Pflichtmitgliedschaft sowie den Mehrwert der Kammertätigkeit gegenüber einer Staatsverwaltung und gegenüber Wirtschaftsverbänden sichtbar zu machen.
[44] siehe Hinweis bei Kormann, GewArch 2008, 148, 155

ihre Auflösung und damit ihr automatisches Ausscheiden aus der Kreishandwerkerschaft. Diese Rechtslage kann bei einer dauerhaften Schwäche dieser Institutionen leicht zum Teufelskreis werden. Dass der Gesetzgeber hier kein Ventil vorgesehen hat, ist allein damit zu erklären, dass die Regeln aus einer Zeit stammen, in der eine solche Selbstamputation von Teilen der Handwerksorganisation nicht vorstellbar war. Die aktuelle Situation würde allerdings gesetzgeberische Konsequenzen nahe legen, wenn diese Teile der Handwerksorganisation als unverzichtbar gelten würden [45].

2.3.1 Wirtschaftliche Leistungsunfähigkeit

Innungen und Kreishandwerkerschaften haben grundsätzlich die Mittel zur Erfüllung ihrer Aufgaben über die Beiträge ihrer Mitglieder zu erwirtschaften. Da die Tätigkeit einer Innung grundsätzlich allen Betrieben des Gewerks zugute kommen soll, tragen also die Innungsmitglieder auch Kosten der Tätigkeiten, die Nichtinnungsmitgliedern zugute kommen. Damit könnte ein Anreiz verbunden sein, die Innungsarbeit so attraktiv zu gestalten, dass der Beitrag als rentables Entgelt angesehen wird. Die rechtliche Konstruktion der Innung ermöglicht es aber auch den weniger ideal gesinnten Trittbrettfahrern, diese Leistungen beitragsfrei in Anspruch zu nehmen. Allein bei den Bildungs- und Prüfungsmaßnahmen sind kostendeckende Gebühren denkbar und auch eine Differenzierung der Gebühren nach Innungsmitgliedern und Nichtinnungsmitgliedern erscheint als vertretbar [46].

Die wirtschaftliche Leistungsfähigkeit hängt grundsätzlich und wesentlich von einer ausreichenden Zahl bzw. Beitragskraft der Mitglieder ab [47].

Ob die wirtschaftliche Leistungsfähigkeit besteht, haben die Handwerkskammern im Rahmen ihrer Aufsicht festzustellen, z.B. durch Einsicht in die Akten sowie Kassen- und Rechnungsprüfungen oder die Vorlage des Haushaltsplans oder der Jahresrechnung.

2.3.2 Überleben am Tropf der Kammern

Die Finanznot der Kreishandwerkerschaften ist teilweise so stark, dass ein Überleben aus eigener Kraft nicht mehr möglich ist und ein Rest an Aufgabenwahrnehmung nur noch über die Zahlungen der Kammern aufgrund der Aufgabenübertragung nach § 87 Nr. 6, 2. Hlbs. möglich ist. Sie hängen also faktisch am „Tropf" der Kammern. Vor diesem Hintergrund scheint es geradezu geboten, die Inkompatibilitätsre-

---

[45] Eine entsprechende Tendenz scheint Kormann, GewArch 2008, 148, 152 f., zu verfolgen.
[46] Anders wohl Fröhler, Der Recht der Handwerksinnungen, S. 13
[47] Dohrn, GewArch 1972, 285, 289

geln für Leitungsfunktionen in den Innungen und Kreishandwerkerschaften einerseits und den Kammern andererseits ernst zu nehmen [48].

2.3.3 Frage der Insolvenzfähigkeit

Können Innungen und Kreishandwerkerschaften aus eigener Kraft nicht mehr agieren, so stellt sich die Frage der Insolvenzanmeldung [49].

2.4 Ursachen

Die Ursachen für den aktuellen Zustand lebensunfähiger oder kränkelnder Innungen und Kreishandwerkerschaften sind vielfältig. Schon im bisherigen Text kamen sie zur Sprache, sollen hier aber noch einmal gezielt hervorgehoben werden.

2.4.1 Verkennung der Chancen und Möglichkeiten eines progressiven Managements, Verwaltung statt Corporate Branding und professionellen Managements

Die Aussage, dass man gemeinsam stark sei, ist nicht sonderlich neu. Dass diese Aussage auch im Handwerk und seiner Organisation gilt, zeigen die positiven Beispiele immer wieder deutlich. So konnte das nahezu optimal organisierte Schornsteinfegerhandwerk in die Diskussion um die grundlegende Novellierung des Schornsteinfegergesetzes von vornherein auf allen Ebenen eingebunden werden und erwies sich als aktiver und konstruktiver Partner. Vergleicht man diese Situation mit der Diskussion um die Meisterpflicht vieler Gewerke im Jahre 2003, bei der sich zahlreiche Gewerke als nicht gesprächsfähig erwiesen, so muss man feststellen, dass im Handwerk die Chancen gemeinsamen Handelns standhaft ignoriert werden. Innungen und Kreishandwerkerschaften sind aufgrund ihres Aufgabenzuschnitts grundsätzliche ideale Organisationsformen, Konkurrenz im Gewerk regional und überregional konstruktiv zu kultivieren und bei Bewahrung aller Eigenständigkeit der einzelnen Betriebe, gemeinsam die Fähigkeit zur Abwicklung von Großaufträgen zu entwickeln. Gleiches gilt für eine gemeinsame Materialbeschaffung, Werbung und Akquisition, die sowohl im kartellfreien als auch im kartellrechtlichen Bereich möglich ist [50]. Aktionen des ZdH wie „Meister wissen, wie es geht", einer größeren Gruppe von Kammern mit „Handwerk, ich bin wer" oder des Berliner Handwerks „Wenn Handwerk, dann Innung" oder einer Gruppe von Handwerkskammern mit „Ich bin Handwerker" ließen sich ohne weiteres mit beschei-

---
[48] A.A. Dannbeck, GewArch 1961, 73, der die hier beschriebene Konstellation allerdings noch nicht kannte.
[49] Vgl. Dürr, GewArch 2009, 107 ff.
[50] Vgl. Karl/Beutelmann/Müller-Feldhammer, Zwölf Thesen zur künftigen Gestaltung von Mittelstandskooperationen, Betriebs-Berater 2008, 1014

deneren Mittel auch regional installieren. Welchen Erfolg solche Aktionen mit der notwendigen Öffentlichkeitsarbeit haben können, zeigt zumindest der Bekanntheitsgrad, den seinerzeit die Aktion „Hol Harry" bundweit erreicht hatte. Über punktuelle Aktionen hinaus, die auch meist recht schnell verebben und einen nennenswerten Bekanntheitsgrad der Marktgegenseite nur selten erreichen, ist ein Corporate Branding ein Teil des Selbstbewusstseins auch des aktiven Teils des Handwerks.

2.4.2 Mentale Schwächen der Mitgliedsbetriebe, Verkennung der gemeinsamen Chancen

Die Mitgliedsbetriebe von Innungen und Kreishandwerkerschaften sind in aller Regel klein und konzentrieren sich notgerungen auf die Erhaltung ihrer Existenz. Das bedeutet nicht selten eine zeitliche Beanspruchung, die weit über die Arbeitszeit anderer Berufe hinausgeht. Allein das Schritthalten mit der technischen und rechtlichen Entwicklung bindet einen wesentlichen Teil der Kräfte. Ein Symptom dafür ist auch, dass in den Gremien des Handwerks ganz überwiegend nur Betriebsinhaber vertreten sind, die es geschafft haben, dass ihnen die Familie oder Mitarbeiter den Rücken im Betrieb freihalten. Selbst dort, wo die mentale Bereitschaft zum Engagement für die Gruppe in der Innung oder im Handwerk allgemein vorhanden ist, fehlt es daher meist an Möglichkeiten, die nötige Zeit zu erübrigen, soweit nicht eine entsprechende Aufwandsentschädigung bzw. Vergütung geleistet werden kann, was bei den ehrenamtlichen Tätigkeiten nur beschränkt möglich ist [51].

2.4.3 Finanzielle Schwäche der Betriebe

Betriebe, die erheblich um ihre Existenz kämpfen müssen, das sind ganz überwiegend Einpersonenbetriebe oder Kleinstbetriebe, die nur über familiäre Selbstausbeutung lebensfähig sind, verfügen in aller Regel nur über ein unzureichendes Eigenkapital. Ihnen fallen auch relativ geringe Beiträge für Innungen und Kreishandwerkerschaften schwer. Für sie ist ein Missverhältnis zwischen hohen und außerdem laufend steigenden Innungsbeiträgen und Verbandsbeiträgen und einem schmalen Leistungsspektrum einerseits und vergleichsweise niedrigen Kammerbeiträgen bei vollem Leistungsspektrum andererseits besonders spürbar.

3. Revitalisierungsmechanismen

Einen Zustand zu beklagen, heißt nicht, ihn zu akzeptieren oder für unabänderbar zu halten. Unternehmensberater leben von der Erkenntnis, dass Selbstheilungsmechanismen funktionieren können. Auch

---

[51] BGH, Urt. v. 14.12.1987 – II ZR 53/87, ZIP 1988, 706, 708

im Handwerk gibt es diese Möglichkeiten, die weit über das hinausgehen können, was im Folgenden genannt wird.

3.1 Rückbesinnung auf Kernaufgaben, Bereitschaft zu grundlegenden Reformen

Ein wesentlicher Teil jeder Reformüberlegung ist – schon im Sinne des Wortes Reform – eine Rückbesinnung auf die eigentlichen Aufgaben der jeweiligen Institution, die hier unter 2.2.1 bis 2.2.5 genannt wurden. Ein wesentlicher Teil dieser Aufgaben besteht in der möglichst umfassenden Konzentration aller Betriebe des Handwerks, um die Nachteile der kleinteiligen Strukturen dieses wichtigen Wirtschaftszweiges, der nicht umsonst häufig als Rückgrat der Wirtschaft bezeichnet wird, durch gemeinsames Handeln weitestmöglich auszugleichen. Der Gesetzgeber, der hier eine freiwillige Mitgliedschaft anstelle der Pflichtmitgliedschaft in den Kammern vorgesehen hat, durfte seinerzeit mit dem weitreichenden Solidaritätsbewusstsein des Handwerks als fester Größe rechnen. Die Folgen des weitgehenden Verlusts dieses Bewusstseins im Zuge der gesellschaftlichen Entwicklungsprozesse, können, auch wenn damit ein Verzicht auf erhebliche Vorteile verbunden war, dem Handwerker als „mündigem Bürger", der wissen muss, welche Folgen sein eigenverantwortliches Handeln hat, überlassen bleiben. Gerade mit der gesetzlich fixierten Aufgabenstruktur der Handwerksorganisation überlässt der Gesetzgeber es dem Handwerk, die Legislative und die Exekutive auf notwendige Änderungen des Rechtssystems hinzuweisen.

3.2 Recruiting

Die einzig wirksame Maßnahme zur Wiederbelebung von Innungen und Kreishandwerkerschaften ist eine Rückgewinnung eines hohen Organisationsgrades. Das ist nach jahrelanger Abwärtsentwicklung ein mühsamer und langwieriger, aber gleichermaßen unerlässlicher Prozess.

3.2.1 Zunfttraditionen und Organisationsbewusstsein der Schornsteinfeger

Das einzige Gewerk ohne solche Probleme ist derzeit noch das der Schornsteinfeger, das einen Organisationsgrad nahe 100 % aufweist. Ein wesentlicher Grund für diesen Zusammenhalt mag sein, dass Bezirksschornsteinfegermeister bisher keiner Konkurrenz ausgesetzt waren. Es bleibt daher abzuwarten, ob sich dieser Zusammenhalt nach Inkrafttreten des Schornsteinfegerhandwerksgesetzes vor dem Hintergrund zunehmender Konkurrenz und der Möglichkeit einer großen Vielfalt andersartiger Tätigkeiten bewahren lässt, nachdem z.B. die Diskussion um die Festschreibung der Zahl der Kehrbezirke und das fehlende Bemühen um eine rechtzeitige Verbreiterung der Tätigkeitsbefugnisse widerstrebende Richtungen erkennen ließ. Dennoch zeigt dieses Gewerk deutlich, dass Zusammenhalt auch heute noch möglich ist und keines äußeren Zwanges in Form einer Pflichtmitgliedschaft bedarf.

3.2.2 Verkennung der Bedeutung bei Organisationsreform des ZdH

Bestrebungen zur deutlichen Erhöhung des Organisationsgrades müssen auch den ZdH einbeziehen, zeigten doch Bestrebungen zur nachhaltigen Reform und Konzentration der Organisation seit Anfang 2006 in diesem Bereich fehlendes Problembewusstsein. Arbeitsteilige Kooperation und engere Zusammenarbeit sind grundsätzlich nur zwischen Organisationsstufen tragfähig, die ihre eigenen Aufgaben umfassend und spürbar wahrnehmen. Wirkungslosen und ausgezehrten Teilen der Organisation verhilft auch die bestgemeinte Zusammenarbeit nicht zur Attraktivität in den Augen bisher aus verständlichen Gründen fernstehender Betriebe.

3.2.3 Befristete Beitragsfreiheit

Eine Rückgewinnung potentieller beitragszahlender Mitglieder ist unter den gegebenen Gewohnheiten des Marktes nur mit Lockmitteln zu erreichen. Dazu zählt auch ein nicht zu eng befristeter Erlass von Beiträgen für neu gegründete Betriebe ebenso wie eine attraktive Gestaltung der Mitgliedsbeiträge auch für ältere, aber neu gewonnene Betriebe. Dem könnte auch eine Schnuppermitgliedschaft vorgeschaltet werden. Ganz unabhängig davon müsste die schon bisher bestehende, aber so gut wie nie genutzte Möglichkeit aktiviert werden, Gastmitglieder zu gewinnen, was besonders im Zulieferbereich interessante Kombinationseffekte erzielen kann. Besonders schwierig, aber ein außerordentlich wichtiger Prüfstein für eine neu angestrebte Attraktivität, ist die Rückgewinnung ausgetretener Mitglieder.

3.2.4 Einbeziehung von zulassungsfreien Gewerken und der handwerksähnlichen Betriebe

§ 52 HwO geht zunächst davon aus, dass Innungen getrennt für zulassungspflichtige oder zulassungsfreie Handwerke sowie handwerksähnliche Gewerbe gegründet werden. Er räumt zwar gleichzeitig ein, dass die Bereiche, die sich fachlich oder wirtschaftlich nahe stehen, zur Förderung ihrer gemeinsamen gewerblichen Interessen zu einer gemeinsamen Innung zusammentreten können. Diese Möglichkeit wird aber deutlich eingeschränkt durch

- § 52 Abs. 1 Satz 2 HwO, der den Erlass einer Ausbildungsordnung für das jeweilige Gewerbe zur Voraussetzung der Innungsbildung bzw. deren fachlicher Erweiterung erhebt [52],
- § 58 Abs. 1 Satz 1 HwO, der das Recht, Mitglied einer Innung zu werden, auf die Innung beschränkt, die für den eigenen Tätigkeitsbereich gebildet wurde,
- § 58 Abs. 1 Satz 2 HwO, der dem handwerksähnlichen Gewerbe, für das (noch) keine Ausbildungsordnung erlassen wurde, den Weg in die fachlich oder wirtschaftlich nahe stehende Innung nur öffnet, wenn diese eine entsprechende Satzungsbestimmung einführt.

Sollte damit nur gemeint sein, die Forderung, dass Innungen in der Regel den gesamten Bereich eines Handwerks umfassen sollten, finde ihre Grenzen, wo es um die Aufnahme atypischer oder konträrer Interessengruppen gehe [53], blieben die Regelungen dem Grundanliegen der Innungen verpflichtet. Die Regelungen sind allerdings auch geeignet, Isolationsbestrebungen zulassungspflichtiger Bereiche zu fördern und schlössen die Möglichkeit ein, dass ausgeschlossene „Außenseiter" überhaupt keiner Innung beitreten können [54]. Gepaart mit dem sukzessiv schwindenden Organisationsgrad der Innungen können sie daher fatale Folgen haben.

Notwendig im Sinne eines Corporate Branding des Handwerks wäre es, trotz der weitgehenden Atomisierung und volkswirtschaftlich problematischen Aufgabe präventiver Sicherung [55], die der Gesetzgeber dem Handwerk fortschreitend angetan hat, alle fachlich und wirtschaftlich nahe stehenden Bereiche zu einer intensiven Zusammenarbeit zu führen [56]. Erst eine solche Zusammenarbeit könnte für die dem Handwerk eigentlich selbstverständlichen Standards meisterlicher Kenntnisse und Fertigkeiten missionieren und auch die im Interesse der Liberalisierung in Kauf genommenen Niveauverluste im zulassungsfreien und handwerksähnlichen Bereich durch Kooperation und Fortbildung ausgleichen helfen. Die von den Medien nachhaltig präsentierten Mängel von Handwerksleistungen, die die Auftragslage des Handwerks belasten, die Bereitschaft zur Inanspruchnahme von Schwarzarbeit aber deutlich fördern, könnten durch eine solche Kooperation spürbar gemindert werden.

---

[52] Eingefügt durch Drittes Gesetz zur Änderung der Handwerksordnung und anderer handwerksrechtlicher Vorschriften vom 24.12.2003, BGBl. I, 2934
[53] VG Augsburg, Urteil vom 23.09.1981 – Au 4 K 81 A.302 -, GewArch 1982, 160, 161
[54] VG Augsburg, Urteil vom 23.09.1981, a.a.O., S. 161; Detterbeck, Handwerksordnung, 4. Aufl. 2008, § 52, Rdnr. 11 und § 58, Rdnr. 5
[55] Vgl. Dürr, GewArch 2003, 415
[56] So Kentzler, a.a.O.

3.2.5 Diskussion über Bonus bei Handwerkskammerbeitrag statt Leistungssteigerung [57]

Als Element der Leistungssteigerung wird immer wieder ins Spiel gebracht, Innungsmitgliedern möge eine Bonus beim Handwerkskammerbeitrag eingeräumt werden. Berücksichtigt man, dass die üblichen Beiträge bei hoher Attraktivität und Effektivität der Innungs- und Kreishandwerkerschaftsarbeit weit unter den Vorteilen einer Mitgliedschaft liegen, so kann allein eine Beitragsermäßigung kaum den notwendigen Mitgliederzuwachs für eine desolate und aktionslose Organisationsstufe auslösen. Die Befürworter eines Beitragsbonusses beschäftigen sich daher mit einem Scheinproblem.

Darüber hinaus zeigt die hier behandelte Schwäche von Innungen und Kreishandwerkerschaften, dass zumindest für diese ein Bonussystem nicht etwa Ausgleich für parallel erbrachte Leistungen sein kann und soll, sondern allein ein Instrument, die eigenen Mitgliedsbeiträge auf Kosten der Kammern attraktiver erscheinen zu lassen, ohne dass damit ein direkter Beitrag oder auch nur eine Zusage von Leistungssteigerungen verbunden wäre.

3.2.6 Eigene Wahrnehmung der Geschäftsführung durch die Innungen

In aller Regel wird die Geschäftsführung der Innungen durch die Kreishandwerkerschaften wahrgenommen [58]. Das ist ohne Zweifel eine erhebliche organisatorische Erleichterung für die Innungen, eine deutliche Rationalisierung für die regionalen Informationen und eine spürbare Einschränkung der erforderlichen Kosten. Es bleibt allerdings die Frage, ob diese Aufgabenverschiebung auch die ureigenen Interessen einer Innung unberührt lässt. Wer verwalten lässt, könnte sich auf die verbleibenden Kernaufgaben der Pflege und des Ausbaues des Mitgliederbestandes, den Innungszusammenhalt, die Wahrnehmung gemeinsamer Interessen und die Organisation gemeinsamen Marketings und gemeinsamer Akquisition konzentrieren. Die Sensibilität für solche Obermeisteraktivitäten hängt aber nicht selten an der direkten Verbindung mit der Entwicklung der Innung, ein Verzicht auf die eigene Geschäftsführung kann durchaus ein Beitrag zur Selbstentmündigung sein. Jede Innung sollte daher prüfen, ob eine Rückkehr zur eigenen Geschäftsführung nicht auch eine aktivierende Rückbesinnung auf die eigenen Möglichkeiten auslösen kann.

---

[57] Hierzu Dürr, GewArch 2009, 54
[58] Möglich nach § 87 Nr. 5 HwO „auf Ansuchen" der Innungen.

3.2.7 Überregionales Denken

Die Zeit, in der die Handwerksorganisation in kleinen Einheiten denken durfte, ist sicher eine wichtige und wertvolle Phase des deutschen Handwerks gewesen. Ebenso wie das Zunftdenken hat sich dieses Denken in einer hochspezialisierten, mobilen und vernetzten Gesellschaft, die von der Wirtschaft Produkte aus einer Hand und damit arbeitsteilige Kooperationen und Bietergemeinschaften erwartet, nicht nur erledigt, sondern entspricht auch nicht mehr der sozialen Wirklichkeit des Handwerks. Die Wechselbeziehungen z.b. zwischen Großstädten und ihren ländlichen Einzugsbereichen beweisen eindrücklich die vollzogenen Wandlungen. Der Umstand, dass Handwerksbetriebe der Neuen Bundesländer in erheblichem Maß ihr Überleben durch Tätigkeiten in den Alten Bundesländern und im nahen Ausland bei Entfernungen von mehreren hundert Kilometern sichern, bestätigt das nur. Bodenständiges und im engeren Einzugsbereich verwurzeltes Handwerk wird es auch in aller Zukunft noch geben, aber seine Ausschließlichkeit ist Vergangenheit [59]. Das müssen Innungen und Kreishandwerkerschaften zur Kenntnis nehmen und ihr Selbstverständnis und ihre Organisationsstrukturen darauf einstellen. Gefordert ist eine möglichst breite Öffnung, die ihre Grenze erst an einer leistungsstarken und für die Mitglieder optimal effektiven Größe findet [60].

3.2.8 Gemeinsames Marketing [61]

Gemeinsames Marketing des Handwerks ist unverzichtbar, wenn es in einer medienorientierten Welt noch wahrgenommen werden will. „Klappern gehört zum Handwerk" mag früher anders gemeint gewesen sein, in seinem heutigen Verständnis ist es aber schlicht notwendig. Regionale Aktionen gab es immer wieder. Über einen begrenzten Effekt bei spürbaren Kosten sind sie aber letztlich nie hinausgekommen. Nicht zuletzt deshalb ist die Imagekampagne des ZdH, die ab 2010 starten wird, eine ebenso notwendige wie vor allem auch leistungsstarke Antwort auf die bisherigen Versäumnisse des Handwerks. Sie kann allerdings nur einen Teil ihrer Möglichkeiten entfalten, wenn sie nicht nachhaltig durch regionale und gewerksspezifische Aktionen ergänzt wird, die sich vornehmlich um die schwarzen Schafe in den eigenen Reihen kümmern. Sollte die zentrale Imagekampagne eine Aktion bleiben, die der

---

[59] Anders wohl noch Zimmermann mit seiner Forderung nach strukturell, regional und geographisch homogenen Wirtschaftsgebieten, a.a.O., S. 275
[60] Interessant ist in diesem Zusammenhang der Standpunkt Zimmermanns, eine Handwerkskammer dürfe eine bestimmte Größenordnung nicht überschreiten, von der ab es der Kammer nicht mehr möglich sei, „alle Mitglieder betriebs- und praxisnah zu betreuen", a.a.O., S. 278. Er übersieht dabei, dass die Kammern in bevölkerungsarmen Flächenländern, wie z.B. Brandenburg oder Sachsen-Anhalt, allein aus Gründen der Leistungsfähigkeit ein Gebiet umfassen müssen, das von der Kammer erhebliche Anstrengungen erfordert, um diese Art von Betreuung auch nur annähernd zu gewährleisten.
[61] Dürr, Kollektives Marketing im Handwerk – Kammergarantie für meisterliche Qualität, Grin-Verlag 2009 (Der Text wurde im wesentlichen 2005 erstellt und am 31.01.2006 allen Hauptgeschäftsführern der Handwerkskammern Deutschlands und dem ZdH per E-Mail zur Verfügung gestellt).

einzelne Handwerksbetrieb nur geschehen lässt und bei der er den gemeinsamen über die Kammern organisierten finanziellen Aufwand schon für ausreichend hält, kann auch diese hochdringliche Aktion leicht verpuffen. Ganz fatal wäre es allerdings, wenn die durch die Kampagne für das Handwerk geweckte Aufmerksamkeit auf Betriebe trifft, denen Dienstleistungsbereitschaft, Kundenorientierung und meisterliche Qualität weiterhin gleichgültig bleiben. Eine wirksame Werbung für gutes Handwerk verstärkt leider auch die Aufmerksamkeit für mindere Qualitäten.

3.3 Verjüngung der Gremien, Jungmeisterbeiräte, Senioren in aufgabenfreie Ehrenfunktionen

Jugend gilt seit Alters her als progressiv, Alter als konservativ. Auch wenn diese beliebten Vorurteile ein Körnchen Wahrheit enthalten, sollte man sie auf ihren ernsthaften Kern beschränken: Gut ausgebildete jüngere Leute haben gelernt, mit Chancen moderner Wirtschaftsinstrumente umzugehen, stellen Tradiertes mit dem Anspruch der Verbesserung in Frage und haben meist wenig Zeit für Diplomatie. Erfahrene kennen den wertvollen Kern tradierter Wege, die Risiken und die Dauer jeder wirksamen Veränderung. Fortschritt bedarf der gemeinsamen kreativen Auseinandersetzung beider Gruppen. Die ebenso gediegene wie umfassende Ausbildung des Handwerks war schon immer eine ideale Voraussetzung für solche Prozesse. Die Erfahrung zeigt allerdings, dass derartige Entwicklungen eher die Ausnahme sind, zumindest aber kein selbsttragender stetiger Prozess.

Jungmeister können hier einen Schlüssel für die Zukunft des Handwerks bieten, wenn man deren Dynamik in die Handwerksorganisation konstruktiv einbindet. Gedacht werden kann dabei an
- kostenfreie Mitgliedschaft für Jungmeister in Innungen für 3 bis 5 Jahre nach der Existenzgründung und die ebenso freie wie gezielte Einbindung von Jungmeistern in die Vorstandsarbeit,
- die Bildung von Jungmeisterbeiräten, die sich ohne die Standardpflichten der regulären Gremien, aber mit logistischer Unterstützung der jeweiligen Handwerksorganisation ausschließlich mit Problemen und Lösungsansätzen des jungen Handwerks beschäftigen.

Orientiert werden müssten diese Aktivitäten an der knappen Zeit junger Handwerker und an deren Drang zu zügigen Lösungen. Es mag sein, dass eine ernsthafte Berücksichtigung dieser Gruppe den vorhandenen Gremien mehr Zeit oder die eine oder andere zusätzliche Sitzung abverlangt. Aber junge Menschen, die man ernst nimmt, sind kreativ.

3.4 Verkleinerung der Gremien, Straffung der Entscheidungsstrukturen

Die Gremien des Handwerks sind einerseits Ausdruck der demokratischen Strukturen innerhalb der Organisation und sollten daher grundsätzlich unterschiedliche Interessen auch über Repräsentanten der einzelnen Gruppen widerspiegeln. Andererseits zeigt die Erfahrung, dass Entscheidungen in diesen Gremien nur schwer und über Zeiträume zustande kommen, die dem Tempo der gesellschaftlichen, technischen und auch rechtspolitischen Entwicklung kaum noch gewachsen sind. Es erscheint daher notwendig, diesen Gremien mehr Effektivität zu ermöglichen. Ein wesentlicher Schritt ist dabei, die Zahl der Mitglieder deutlich zu senken [62]. Das muss den demokratischen Willensbildungsprozess nicht schmälern, da einerseits auch eine kleine Zahl von Mitgliedern dem Gesamtwohl verpflichtet bleibt und den Kontakt zur Basis vor den Entscheidungen suchen muss, andererseits auch die Wahlmodalitäten eigenmächtiges Handeln in aller Regel verhindern und die Wahlen sich auf handlungs- und entscheidungsfähige Mitglieder konzentrieren werden.

3.4.1 Schulung der Ehrenamtsträger

Die den Gliederungen der Handwerksorganisation auf allen Stufen obliegende Interessenvertretung muss den Erwartungen sowohl der Mitglieder als auch der Gesprächspartner der Legislative und Exekutive weitestgehend entsprechen. Es sind dabei regelmäßig andere Kenntnisse und Fähigkeiten gefragt als sie für die Ausübung des Handwerks selbst erforderlich sind. Diese Kenntnisse und Fähigkeiten müssen gezielt und konzentriert nach jeder Wahl – möglichst sogar vor jeder Wahl - allen Beteiligten vermittelt werden. Nur auf dieser Grundlage kann das Handwerk seine Gesprächspartner angemessen und ausreichend für die tagesaktuellen und langfristigen Probleme sensibilisieren. Dabei sollte stets der Gedanke präsent bleiben, dass hervorragende Vertreter des sogenannten Hauptamtes, also der angestellten Fachleute, wesentliche Unterstützung bei der Suche nach Fakten und Argumentationsketten leisten können, ohne dass die Entscheidungsfähigkeit der Ehrenamtsträger darunter leiden muss.

3.5 Wiederherstellung der Leistungsfähigkeit, Outsourcing und Professionalisierung der Geschäftsführung

Zimmermann erklärt, erst wenn eine Innung ihre Aufgaben „nicht mehr wahrnehmen kann, also nicht mehr leistungsfähig ist", bestehe eine Option zur Auflösung [63]. Das würde einschließen, eine Innung sei

---

[62] Vgl. die Bestrebungen der Verbände des Zimmerer- und Holzbaugewerbes in Bayern und für Mitteldeutschland zur Schaffung einer neuen Mustersatzung, holzbau-report Nr. 4/2009, S. 1
[63] Zimmermann, a.a.O., S. 276

solange unangreifbar, wie sie ihre Aufgaben noch recht und schlecht erfüllen könnte. Schränkt man diese Aufgabenerfüllung noch dazu auf administrative Aufgaben ein und lässt die notwendig aktive Wirtschaftsförderung der Mitglieder unberücksichtigt, so bleiben auch „scheintote" Organisationseinheiten unangreifbar. Das Kriterium der Leistungsfähigkeit erfordert aber deutlich mehr als die Fähigkeit zum Überleben.

Die Geschäftsführung der einzelnen Gliederungen der Handwerksorganisation enthält viele gleichartige und wiederkehrende Elemente, die in einer Zeit zunehmender Digitalisierung und Vernetzung den Charakter und die Notwendigkeit der Individualisierung verloren haben. Die starke Tendenz der Einführung überwachungsstaatlicher Elemente sowie die grenzüberschreitenden Maßnahmen einer europaweiten Dienstleistungswirtschaft bieten auch die technischen und datenschutzrechtlichen Möglichkeiten für eine sachgerechte Konzentration dieser Funktionen auf gemeinsame Einrichtungen. Das enthält die Chance einer erheblichen Professionalisierung, eines breiteren Wirkungsgrades vorhandener Information und deren Auswertung einschließlich erheblicher Kosteneinsparungen. Eher erstaunlich ist daher, dass die im Zusammenhang mit der Dienstleistungs-Richtlinie Binnenmarkt durchgeführte Änderung des VerwVerfG zwar grenzüberschreitend arbeitende Kooperationen für Industrie- und Handelskammern vorsieht, eine Notwendigkeit für eine entsprechende Regelung für Handwerkskammern in der Handwerksorganisation aber nicht berücksichtigt wurde. Der wesentliche Effekt dürfte allerdings in einer Konzentration des Ehrenamtes auf seine eigentlichen Funktionen der Sensibilisierung der Mitgliedsbetriebe für künftige Chancen und Risiken, der Vorbereitung und Organisation von Lösungsangeboten und der Pflege der Kommunikation und des Qualitäts- und Dienstleistungsbewusstseins, des Corporate Branding und der Pflege der Corporate Reputation sein.

3.6 Fusion und Zwangsfusionen über Ultimaten

Soweit Kreishandwerkerschaften zunächst ihre Vitalität und dann zunehmend ihre Lebensfähigkeit verlieren, liegt der Gedanke nahe, auch bei ihnen die Probleme durch eine Fusion zu beheben [64].

Beachtet werden sollte bei Fusionen allerdings, dass die vom Gesetz vorgesehene Aufgabenwahrnehmung grundsätzlich gewahrt bleibt. Bei Kreishandwerkerschaften sind vor allem die Aufgaben zu berücksichtigen, bezirksbezogen die Gesamtinteressen des Handwerks sowie die gemeinsamen Interessen der Innungen wahrzunehmen, Einrichtungen zur Förderung der gewerblichen und wirtschaftlichen Interessen der Mitglieder ihrer Innungen zu schaffen und zu unterstützen und die Behörden ihres Be-

---

[64] Hierzu Dürr, GewArch 2009, 54, 56

zirks bei den das Handwerk berührenden Maßnahmen zu unterstützen (§ 87 HwO). Nicht zu unterschätzen ist aber auch grundsätzlich, dass die regionalen Teile der Handwerksorganisation der Integration und Verbundenheit der Mitglieder dienen sollen [65]. Hierzu gehört bei Innungen vor allem die aktive Einbeziehung der Gesellen über den Gesellenausschuss. Je größer aber das Gebiet einer Innung ist, desto schwerer wird diese Aufgabe, da Gesellen die Kosten für Sitzungen ihres Ausschusses aus eigener Tasche zu finanzieren haben [66].

Wünschenswert wäre in jedem Fall, vor einer Fusion eine Nutzwertanalyse vorzunehmen [67] und eine Mindestfunktionsgröße ins Auge zu fassen, mit der die gesetzlich und freiwillig zu erfüllenden Aufgaben mit genügenden Möglichkeiten der Spezialisierung und Rationalisierung von Fachleuten wahrgenommen werden können. Das setzt eine Mindestrichtzahl von Mitgliedsbetrieben voraus [68]. Wo allerdings Lethargie zum Niedergang der bestehenden Organisation geführt hat, kann nur die Hoffnung bestehen, den letzten Aktiven einer größeren Region die Chance gemeinsamen Handelns zu geben.

Kreishandwerkerschaften nehmen ihre Aufgaben grundsätzlich in Konkurrenz zu anderen Kreishandwerkerschaften wahr, deren Innungen und Innungsbetriebe im Wettbewerb mit denen des eigenen Bezirks stehen. Das schließt allerdings nicht grundsätzlich aus, kreisübergreifende Kreishandwerkerschaften zu bilden.

Welche Grenzen dabei zu beachten sind, lässt § 86 Satz 2 HwO offen, der lediglich feststellt, die Handwerkskammer könne „eine andere Abgrenzung" zulassen. Gedacht dürfte hier sein an eine Erweiterung oder Beschränkung des Gebietes, mit der die Leistungsfähigkeit der einzelnen Kreishandwerkerschaft deutlich verbessert werden kann [69].

Fusionen berühren in aller Regel das Selbstverständnis der Funktionsträger, da eine Fusion in aller Regel mit einer deutlichen Ausdünnung dieser Gruppe verbunden ist. Das Ehrenamt und die diesem Amt vor allem von Dritten und von der öffentlichen Wahrnehmung entgegengebrachte demonstrative Wortschätzung werden dabei im Handwerk nicht selten als ein ansehensmehrender höchstpersönlicher

---

[65] Mann, a.a.O., S. 26 m.w.N.. Von einem Spagat zwischen Leistungsfähigkeit und Integrationskraft spricht er auf S. 29. Roellecke, GewArch 1987, 105, 107
[66] Honig, GewArch 1972, 229, 231
[67] Vgl. für Handwerkskammern Wagener, a.a.O., S. 73
[68] Wagener, a.a.O., S. 74
[69] So schon Honig, GewArch 1966, 25, 30. Vgl. auch BVerwG, Urt. v. 14.04.1961 – VII C 124/59, GewArch 1962, 90, 92 und BVerwG, Urteil vom 17.03.1992, a.a.O., S. 303, u.a. mit dem Hinweis auf die Anlage zu den stenographischen Berichten des Reichstages, 1881, S. 261 f.: „Als Regel muss vorausgesetzt werden, dass eine Innung sich auf den Bezirk einer Gemeinde und ihre nächste Umgebung .. beschränkt. Der Aufnahme einer derartigen Beschränkung in das Gesetz steht nur der Umstand entgegen, dass es einzelne Handwerke gibt, welche ihrer Natur nach in keiner einzelnen Gemeinde in größerer Zahl vertreten sein können, für welche daher eine Innungsbildung .. ausgeschlossen sein würde, wenn .. nicht ein größerer Bezirk zugelassen würde". Aktuell BVerwG, Beschluss vom 10.08.2000, a.a.O.

Besitzstand und als umsatzstärkendes Betriebskapital empfunden. Ein drohender Verlust dieser persönlichen Werte ist daher fast regelmäßig nachhaltiger Hinderungsgrund für eine sachgerechte Neugestaltung der Organisation. So verständlich derartige Motive sind, so unverständlich bleibt allerdings, dass frühzeitige und angemessene Lösungen, die das vordringliche Wohl des Handwerks beachten würden, nur selten gesucht werden. In Betracht käme hier vor allem die Beförderung der Ehrenamtsträger in aufgabenfreie Ehrenfunktionen. Geboten wäre jedoch vor allem, diesen Teilen der Organisation Ultimaten mit angemessenen Fristen zur eigenständigen Lösung dieser Probleme zu setzen bei alternativer Ankündigung der Auflösung über § 76 HwO. Der bei Kammern mögliche Weg einer Gebietsveränderung zur Stärkung der Organisation ist bei Kreishandwerkerschaften vom Gesetz nicht ausdrücklich vorgesehen.

3.7 Änderung der Rechtsstruktur

Überlegungen zur Verbesserung der Handlungsfähigkeit von Innungen und Kreishandwerkerschaften müssen auch die Möglichkeit einer Änderung der rechtlichen Strukturen einschließen. Anhaltspunkt dafür ist, dass die öffentlichrechtliche Rechtsform nur für die Innungen, Kreishandwerkerschaften und Handwerkskammern gilt, nicht jedoch für Landesinnungsverbände, für Bundesverbände und vor allem für den von der HwO nicht erwähnten Zentralverband des deutschen Handwerks, ohne dass diese Organisationsformen als weniger handlungsfähig gelten. Ein Zwang zur Rechtsform ergibt sich auch nicht notwendig aus den teils hoheitlichen Aufgaben, für die auch die Form des beliehenen Unternehmers immer größere Verbreitung findet [70]. Soweit Innungen und Kreishandwerkerschaften, vor allem im Bereich der Berufsbildung, aufwändige Institutionen geschaffen haben, könnten diese grundsätzlich auch in eine andere Rechtsform mitgenommen oder großzügige Übergangsfristen für deren Umgestaltung vorgesehen werden. Überlegungen zur Rechtsstruktur können daher keinem Tabu begegnen.

3.7.1 Zweifel an der verfassungsrechtlichen Zulässigkeit der Rechtsform einer Körperschaft für eine Vereinigung von Innungen, die auf freiwilliger Mitgliedschaft beruhen.

In den Verhandlungen zur Schaffung der Handwerksordnung von 1953 war der Status der öffentlichrechtlichen Körperschaft durchaus umstritten. Da das Prüfungswesen und andere hoheitliche Aufgaben in Wirklichkeit den Kammern oblägen, könnten die Innungen auch als privatrechtliche Vereinigungen – ähnlich den Technischen Überwachungsvereinen – tätig sein, auf die hoheitliche Aufgaben delegiert werden könnten. Mit Rücksicht darauf, dass die Kammern für die hoheitlichen Aufgaben des Bildungs-

---

[70] Eingehend dazu Schmidt am Busch, DÖV 2007, 533 m.w.N.

bereichs nicht über die nötige Anzahl von Fachkräften verfügten und die Innungen nicht nur rein geschäftsführungsmäßige Aufgaben erfüllen sollten, wurde den Innungen dann doch der Status der öffentlich-rechtlichen Körperschaft zugestanden [71].

Ludwig Fröhler untersuchte [72], ob der Status einer öffentlich-rechtlichen Körperschaft mit der Struktur der freiwilligen Mitgliedschaft in einer Innung vereinbar ist. Er betonte dabei, es sei weder rechtlich noch praktisch denkbar, dass eine öffentlich-rechtliche Körperschaft, die dazu bestimmt ist, hoheitliche Aufgaben wahrzunehmen, auf einem freien Zusammenschluss beruhen könne. Ein solches Recht, einer staatlichen Organisationseinheit beizutreten oder auch fernzubleiben, sei das Ende jeder staatlichen Ordnung und ließe sich auch nicht aus Art. 9 Abs. 1 GG ableiten, der sich allein auf die positive und negative Vereinigungsfreiheit zu privatrechtlichen Vereinen bezöge [73].

Auch wenn Zweifel bestehen, ob die Pflichtmitgliedschaft etwas an der Bereitschaft der bisherigen und der potentiellen Mitglieder ändern kann, sich mehr als bisher im Interesse der Gemeinschaft und des eigenen Betriebes zu engagieren, könnte eine Erstreckung der Pflichtmitgliedschaft auch auf Innungen handwerkspolitisch wünschenswert sein und die Selbstverwaltungsfunktionen des Handwerks im fachlichen und im regionalen Bereich erheblich stärken.

3.7.2 Verein statt Körperschaft öffentlichen Rechts (§ 89 Abs. 1 Nr. 1 i.V.m. § 53 HwO)

Der öffentlich-rechtliche Status von Kreishandwerkerschaften ist neben dem der Handwerkskammern für eine Interessenwahrnehmung der Innungen ihres Einzugsbereichs nicht erforderlich. Der erhebliche Rückgang des Organisationsgrades der Innungen und der von zunehmend weniger Innungen einer Stadt oder eines Kreises gebildeten Kreishandwerkerschaften hat diesen Organisationen weitgehend ihre eigenständigen Funktionen genommen. Die aus dem Rechtsstatus folgenden Pflichtbeiträge haben nicht zuletzt zu einem erheblichen Mitgliederschwund und damit zu einer deutlichen Aufgabenminderung beigetragen. Die Aufgaben können künftig auch ohne nachhaltige Gefährdung der Aufgaben in privatrechtlicher Form wahrgenommen werden. Einer Aufsicht durch die Kammern bedarf es dabei nicht.

---

[71] Vgl. Schwannecke, a.a.O., Kz. 105, S. 25 unter Hinweis auf Steno-Bericht 258. Sitzung, S. 12566 B und 12 570 B/C und S. 29 ff.
[72] Ludwig Fröhler, Das Recht der Handwerksinnung, 1959, 14 ff, insbesondere S. 15; der Kern von Fröhlers Ausführungen gilt allerdings dem Nachweis, dass die Bedenken des Gesetzgebers gegen eine Pflichtmitgliedschaft (vgl. Fn. zu 1.2) unberechtigt waren und die Entscheidung für eine freiwillige Mitgliedschaft daher ohne weiteres korrigiert werden könne. So auch Fröhler, GewArch 1962, 169, 171.
[73] A.A. waren Gutachten von Dietz und Wolff, zitiert bei Schwannecke, a.a.O., Kz. 105, S. 31

Dass eine privatrechtliche Rechtsform möglich ist, ergibt sich bereits grundsätzlich aus dem Status der Landesinnungsverbände als juristische Person des privaten Rechts (§ 80 Satz 1 HwO). Als Rechtsform für Innungen und Kreishandwerkerschaften kommt die des eingetragenen Vereins in Betracht. Diese Rechtsform haben auch Landesinnungsverbände gewählt, deren Mitgliedsinnungen sie bis auf eine verlassen hatten. Dabei kann vorgesehen werden, dass der Zusammenschluss von Handwerksinnungen in einem Stadt- oder Landkreis befugt ist, auch weiterhin die Bezeichnung Kreishandwerkerschaft zu führen und derartige Kreishandwerkerschaften - abweichend von § 56 BGB - auch dann in das Vereinsregister eingetragen werden können, wenn die Zahl ihrer Mitglieder weniger als sieben beträgt.

3.8 Arbeitsteilige Kooperation – Modell Handwerkskammer Leipzig

Die Handwerkskammer Leipzig hat ein Modell der Zusammenarbeit zwischen Handwerkskammer und den Kreishandwerkerschaften entwickelt, das der Stärkung beider Institutionen dient. Es beruht auf einer arbeitsteiligen Kooperation zwischen der Handwerkskammer Leipzig und ihren Kreishandwerkerschaften. Der Geschäftsführer der Kreishandwerkerschaften wird jeweils parallel zu seiner bisherigen Aufgabenwahrnehmung im Rahmen einer Verwaltungsgemeinschaft als Leiter einer Außenstelle der Handwerkskammer in einem präzise und individuell vereinbarten und von der Kammer in enger Absprache gesteuerten Aufgabenbereich tätig. Handwerkskammer und Kreishandwerkerschaften betreiben eine gemeinsame Geschäftsstelle, die öffentlichkeitswirksam als Kreishandwerkerschaft und Außenstelle der Handwerkskammer ausgewiesen wird. Im Rahmen der Arbeitsteilung konzentriert sich die Kreishandwerkerschaft auf ihre Kernaufgaben der regionalen handwerkspolitischen Interessenvertretung und die Geschäftsführung für die Innungen, die Handwerkskammer übernimmt die Dienstleistungen gegenüber den Betrieben unter Wahrung der Wettbewerbsneutralität gegenüber der Kreishandwerkerschaft. Die Kosten der Verwaltungsgemeinschaft werden gemeinsam getragen.

Von großer Bedeutung ist dabei, die Selbständigkeit und jeweilige Eigenverantwortlichkeit der an den Kooperationsvereinbarungen Beteiligten mit einer gewissen Strenge zu wahren. Soweit Aufgaben beider Vertragspartner in Personalunion wahrgenommen werden, in der Regel vom Geschäftsführer der Kreishandwerkerschaft, sollten die Vereinbarungen eine klare Trennung der Aufgabenbereiche, der Weisungsstrukturen und vor allem der Vergütung vorsehen. Gründe sind das rechtliche Gebot der eigenständigen Wahrung der Selbständigkeit der Beteiligten, d.h. der eigenständigen und unterschiedlichen Entscheidungs- und Beitragsstrukturen und der klaren Trennung der Aufgabenwahrnehmung. Dass diese Trennung erforderlich ist, zeigen gerade auch die Beispiele der Insolvenzen von Kreishandwerkerschaften.

Der Vorteil dieses Modells ist zu sehen in der klar strukturierten und betont arbeitsteiligen wie zielorientierten Aufgabenwahrnehmung bei rationeller Kostenteilung. Das konzentriert gemeinsame Agieren kann Kräfte freisetzen, die sonst schon durch die organisatorischen Aufgaben gebunden sind. Ein besonderer Vorteil dürfte allerdings in der Vernetzung der Entscheidungsstrukturen bestehen, die die Sensibilität für die beiderseitigen Problembereiche und die Reaktionsverbundenheit wesentlich fördern kann. Gerade in Zeiten, in denen das ganz überwiegend fehlende Interesse an den Möglichkeiten gemeinsamen Handelns in der Handwerksorganisation deren Handlungsunfähigkeit auslöst, kann gemeinsames Handeln die beiderseitigen Interessen fördern.

Dass die Handwerksordnung solche Vereinbarungen nicht vorsieht, kann deren Zulässigkeit nicht hindern, da das Leipziger Modell die Wesenselemente beider Organisationsformen wahrt.

4. Auflösung als ultima ratio nach § 76 bzw. § 89 Abs. 1 Nr. 5 i.V.m. § 76 HwO

Die Auflösung [74] von Innungen und Kreishandwerkerschaften kann grundsätzlich nur die ultima ratio sein. Sinn und Zweck dieser Organisationen ist die Selbstverwaltung dieser Berufsgruppen und damit die Wahrnehmung wichtiger öffentlicher Aufgaben. Die Erfüllung dieser Aufgaben setzt allerdings auch die Lebensfähigkeit dieser Organisationen voraus. Werden sie nicht verantwortlich geführt und bestehen nur noch de jure, sind sie nicht erhaltenswert.

Zu berücksichtigen ist allerdings bei jeder Auflösung, dass zum einen die Erfahrung lehrt, dass die verbliebenen Mitglieder der aufgelösten Organisation in aller Regel für jede andere Handwerksorganisation verloren sind. Das mag bei fehlendem Engagement oder Unfähigkeit dieser letzten Mitglieder zu korporativer Wirksamkeit noch nicht einmal zu bedauern sein und könnte die aus Resignation gegenüber dem Vorhandenen ferngebliebenen Angehörigen des Gewerks zu neuen Aktivitäten animieren. Gegenüber dieser eher zarten Hoffnung ist allerdings zu berücksichtigen, dass die Aufgaben dieser Organisationen in der Fläche nicht einfach entfallen können, sondern im Zweifel von der Handwerkskammer übernommen werden müssen [75]. Eine solche Aufgabenübernahme geht zu Lasten der Aufgabenwahrnehmung gegenüber den verbleibenden Parallelorganisationen und zu Lasten des Haushalts einer Kammer.

---

[74] Hierzu Dürr, GewArch 2009, 107, 108. Die früher diskutierte Teilauflösung einer mehrere Gewerke umfassenden Innung, bei der eines der Gewerbe für sich betrachtet nicht mehr lebensfähig war, vgl. Hess VGH, Urt. v. 09.08.1957 – OS II 112/55, GewArch 1957/58, 229, 230 mit Anm. Dohrn, a.a.O., S. 230 f., spielt hier keine Rolle mehr.
[75] Vgl. Meyer, GewArch 2006, 227, 230

5. Resümee

Es muss leider festgestellt werden, dass nicht nur einzelne Innungen und Kreishandwerkerschaften inzwischen derart unter einem Mitgliederschwund und dem Fehlen ausreichender Managementkapazitäten leiden, dass ihr Fortbestehen von einer hinreichenden Aufgabenübertragung und Kostenbeteiligung der Handwerkskammern abhängt. Eine gesetzliche Änderung der Aufgabenstruktur von Innungen und Kreishandwerkerschaften, die diese Probleme lösen könnte, ist nicht zu erwarten, und täte den leistungsfähigen Einheiten der Organisation auch Unrecht. Soweit alle Versuche scheitern, die historisch aus dem Selbsterhaltungstrieb des Handwerk stammenden Organisationseinheiten über bewährte oder neuartige Selbstheilungskräfte kurzfristig in aktive und attraktive Institutionen zurückzuverwandeln, bleibt nur die Möglichkeit, die Strukturen über Fusionen oder ersatzlose Auflösungen zu bereinigen. Auch wenn damit auf die Handwerkskammern die zusätzliche Verantwortung für eine verstärkte und aufwändige Flächenpräsenz zukäme, könnte damit doch die bewährte Selbstverwaltung des Handwerks aufrecht erhalten werden. Es gibt keine Rechtfertigung, leistungsunfähige Innungen oder Kreishandwerkerschaften künstlich am Leben zu erhalten.

BEI GRIN MACHT SICH IHR WISSEN BEZAHLT

- Wir veröffentlichen Ihre Hausarbeit, Bachelor- und Masterarbeit

- Ihr eigenes eBook und Buch - weltweit in allen wichtigen Shops

- Verdienen Sie an jedem Verkauf

Jetzt bei www.GRIN.com hochladen und kostenlos publizieren